CATALOGUE

D'UNE

BELLE COLLECTION

DE

DESSINS ANCIENS

PARMI LESQUELS
UNE RÉUNION REMARQUABLE
Par LE PRIMATICE

FORMANT LA

COLLECTION D'UN AMATEUR *H. Destailleur*

DONT LA VENTE AUX ENCHÈRES PUBLIQUES AURA LIEU

HOTEL DES COMMISSAIRES-PRISEURS

Rue Drouot, n° 5

SALLE N° 3, AU 1er ÉTAGE

LES VENDREDI 27 & SAMEDI 28 AVRIL 1866,

A DEUX HEURES TRÈS-PRÉCISES

Me **DELBERGUE-CORMONT**, Commissaire-Priseur,
rue de Provence, 8,
Assisté de M. CLEMENT, M^d d'Estampes de la Bibliothèque Impériale,
rue des Saints-Pères, 3,
CHEZ LESQUELS SE DÉLIVRE LE PRÉSENT CATALOGUE

EXPOSITION PUBLIQUE

Le Jeudi 26 Avril 1866, de une heure à cinq heures.

PARIS — 1866

CONDITIONS DE LA VENTE

Elle sera faite au comptant.

Les Acquéreurs paieront, en sus des adjudications, 5 centimes par franc, applicables aux frais.

Les attributions de l'Amateur ont été conservées.

ORDRE DES VACATIONS

Première Vacation. — *Vendredi 27 Avril 1866 :*

N°s 1 à 124.

Deuxième Vacation. — *Samedi 28 Avril 1866 :*

N°s 125 à 249.

DÉSIGNATION

DES

DESSINS ANCIENS

ABBATE (Nicolo del)

1 — L'Ensevelissement de la Vierge.
Beau dessin à la plume, lavé.

BAKHUISEN (Ludolf)

2 — Un Vaisseau de guerre sortant du port se dirige vers la pleine mer. Au premier plan, sur le rivage, des marins près d'une vieille forteresse.
Dessin capital à l'encre de Chine. Collection Jolles.

3 — Sur une mer agitée, un grand nombre de bâtiments.
Superbe dessin à l'encre de Chine. Collection Hoofdman.

4 — Marine.
Beau dessin à la plume, lavé à l'encre de Chine.

5 — Petite Marine.
Joli dessin la plume, lavé à l'encre de Chine.

BARBIÉRI (Francesco), dit le Dominiquin

6 — La Vierge assise tenant l'Enfant Jésus.
Beau dessin à la plume, lavé de bistre.

7 — Mort de saint François d'Assise.
Beau dessin à la pierre noire, rehaussé de blanc. Collection Vallardi.

8 — Judith tenant la tête de saint Jean.
Très-beau dessin à la pierre noire. Collection Vallardi.

9 — Retour de l'Enfant prodigue.
Beau dessin à la plume.

10 — Grand Paysage avec figures.
Vigoureux dessin à la plume de roseau.

11 — Vue prise au bord de la mer où se voient plusieurs figures.
Beau dessin à la plume de roseau.

12 — Paysage; à droite, deux militaires se disputent.
Beau dessin à la plume de roseau.

BAROCHE (Frédéric)

13 — Vieillard courbé ramassant un sac; derrière lui, on aperçoit une tête de cheval.
Très-beau dessin au bistre, rehaussé de blanc.

14 — La Vierge et l'Enfant Jésus adorés par trois anges.
Beau dessin à la plume, lavé de bistre et rehaussé de blanc.

15 — Études de jeunes femmes et enfants.
Joli dessin à la plume, lavé.

BAUDET (J.-M.)

16 — Statue d'Hygie.
Au crayon noir; signé.

BÉGYN (Abraham)

17 — Troupeau dans un riche paysage où se voit une chaumière.
Beau dessin à l'encre de Chine.

BENOUVILLE (Léon)

18 — L'Abondance représentée sous la figure d'une femme assise à terre; deux compositions.
A la plume, lavé et à la mine de plomb. Provenant de la vente de l'artiste.

19 — La Comédie représentée sous la figure d'une jeune femme debout.
Joli croquis au crayon noir.

BERGHEM (Nicolas)

20 — Femme montée sur un mulet.
Superbe dessin à la plume, lavé de bistre.

21 — Un Paysan à cheval donne l'aumône à un mendiant; sur le bord du chemin est assise une femme avec un enfant.
Très-beau dessin à l'encre de Chine, rehaussé de blanc; signé et daté 1654. Collection Goll.

22 — Étude d'ânes.
Très-beau dessin à la pierre noire.

BLANCHET (THOMAS)

23 — Frontispice de l'histoire généalogique de la royale maison de Savoie.
Beau dessin à la plume, lavé de bistre et rehaussé de blanc; signé.

BLOEMAERT (A.)

24 — L'Age d'or; composition gravée par Th. de Bry.
Très-jolie composition à l'aquarelle.

BOILLY (LOUIS-LÉOPOLD)

25 — Le Déménagement.
Grand et beau dessin à la plume, lavé à l'encre de Chine. Il est encadré.

BOISSIEU (J.-J. DE)

26 — Quatre Buveurs assis devant une table regardant un homme debout; à droite, deux vieilles femmes.
Au lavis.

27 — Six différentes études sur la même feuille.
A la plume, lavé à l'encre de Chine.

28 — Le Tailleur de pierre. — Vieillard appuyé.
Deux croquis à la plume.

29 — Petit Paysage.
Au lavis.

BOL (HANS)

30 — Saint devant un Empereur.
A la plume, lavé de bistre; signé.

31 — Grand Paysage. Dans le fond, on aperçoit une ville.
A la plume, lavé de bistre et rehaussé.

32 — Paysage avec la vue d'un village.
A la plume; signé.

BOSSE (Abraham)

33 — Général à cheval.
A la plume, lavé.

BOULLOGNE (B.)

34 — L'Hérésie détruite par Louis XIV, titre de thèse avec beau portrait du Roi.
Très-beau dessin au bistre, rehaussé de blanc.

BOQUET
DESSINATEUR DES MENUS-PLAISIRS

35 — Les Femmes révolutionnaires ou Jacobines.
Curieuse peinture de l'époque.

BUNEL (Jean)

36 — La Vierge tenant sur ses genoux l'Enfant Jésus, qui joue avec saint Jean. Dans le ciel, un ange apporte la couronne de France.
Beau dessin à la plume, lavé au bistre; signé.

CALLOT (Jacques)

37 — Jésus s'entretenant avec les Pharisiens. — Jésus ressuscitant Lazare. Gravés par le maître. (Voir M. Meaume, n°ˢ 40 et 44 de l'œuvre.)
Deux charmants dessins à la plume.

CAMBIASI (Lucas)

38 — L'Archange Saint-Michel terrassant le Démon.
Beau dessin à la plume. Collections de sir Josua Reynolds et Vallardi.

39 — Douze Amours en l'air; composition pour plafond.
Beau dessin à la plume, lavé de bistre, rehaussé. Collection Vallardi.

CARMONTELLE

39 bis — Le Portrait de Jacques Duméril dans le costume d'un ouvrier traînant une brouette.
Joli dessin aux trois crayons.

CARRACHE (Annibal)

40 — Homme debout tenant un bâton.
Beau dessin à la sanguine.

CHAMPAGNE (Ph. de)

41 — Le Mariage de la Vierge.
Superbe dessin à la sanguine et au bistre.

COCHIN (N.)

42 — Le Rieur et les Poissons. Sujet tiré des Fables de Lafontaine, gravé par P.-F. Tardieu.
Joli dessin à la mine de plomb.

CORTONE (Pietro da)

43 — Les Attributs de l'Architecture soutenant le portrait d'un Pape.
A la plume.

COURTOIS (Jacques), dit LE BOURGUIGNON

44 — Cavaliers en marche.
Très-beau dessin à la plume, lavé. Collection Vallardi.

45 — Gentilhomme à cheval précédé de deux cavaliers.
Très-beau dessin à la plume, lavé. Collection Vallardi.

COUSIN (Jean)

46 — Déposition de la croix; première idée de la composition gravée par le maître.
Admirable dessin à la plume, lavé d'indigo; signé. — Les dessins de ce maître sont très-rares.

COUSIN (École de Jean)

47 — Autre Déposition de la croix.
Très-beau dessin à la plume, lavé de bistre.

DEBUCOURT (P.-L.)

47 bis — Le Rendez-vous de chasse.
Charmante aquarelle.

DELARUE

48 — Groupe d'enfants.
A la plume, lavé de bistre.

DIÉTRICY (Ch. C. W.)

49 — Intérieur de paysans où se voient quatre hommes, une femme et un enfant.
Beau dessin à la plume, lavé; signé et daté 1730.

DUBREUIL (Toussaint)

50 — Jésus et la Femme adultère.
Très-beau dessin à la plume, lavé de bistre et rehaussé d'or.

DURER (Albert)

51 — Études de têtes, dont une jeune femme derrière laquelle est la Mort. Didot
Très-beau croquis à la plume.

ÉCOLE ALLEMANDE DU XVIᵉ SIÈCLE

52 — Sainte Cunégonde, épouse de l'empereur Henri, fut accusée d'adultère ; elle subit victorieusement l'épreuve du feu en marchant pieds nus sur des socs de charrue rougis au feu. Didot
Superbe dessin à la plume, lavé.

53 — Quatre Artistes occupés à dessiner.
Au crayon noir.

54 — Deux Saints debout.
Dessin pour vitrail à la plume.

ÉCOLE DE FERRARE

55 — Grand Combat de cavaliers.
Beau dessin à la plume lavé.

ÉCOLE DE FONTAINEBLEAU

56 — Deux Femmes couchées sont entourées d'Amours qui leur apportent des fruits.
Beau dessin à la plume.

57 — Jupiter pressant les nuées pour en faire sortir la pluie.
Beau dessin à la plume, lavé.

ÉCOLE FRANÇAISE DU XVIᵉ SIÈCLE

58 — Jésus-Christ insulté dans le prétoire.
A la plume, lavé.

ÉCOLE FRANÇAISE

59 — Sous une treille, on aperçoit une femme à qui un page verse à boire ; à droite, un cavalier accorde sa guitare.
Dessin de l'époque Louis XIII, à la plume, lavé.

60 — Alexandre et Roxelane.
Beau dessin à la plume, lavé de bistre.

ÉCOLE HOLLANDAISE DU XVIᵉ SIÈCLE

61 — Un Évêque debout portant un reliquaire.
A la plume, lavé.

ÉCOLE ITALIENNE

61 bis — Panneau d'ornements dans lequel se voit la figure de Minerve.

ÉCOLE SUISSE (DE HOLBEIN)

62 — Dessin pour vitrail représentant un homme et une femme debouts en costume du XVIᵉ siècle, probablement les deux donataires.
Superbe dessin à la plume rehaussé de blanc sur papier teinté, portant la date de 1532.

ECKHOUT (GERBRAND VANDEN)

63 — Agar et Ismaël renvoyés par Abraham.
Superbe dessin à la plume, lavé de bistre. Collection Verstolk de Soelen.

EVERDINGEN (ALDERT VAN)

64 — Marine. Sur le premier plan, des hommes chargés suivent des mulets.
Très-beau dessin au bistre, rehaussé de blanc.

65 — Marine.
Beau dessin au bistre rehaussé de blanc; signé.

66 — Petit Paysage avec figures.
Joli dessin au bistre, rehaussé de blanc.

67 — Rochers au bord de la mer où l'on aperçoit plusieurs bâtiments à voiles.
Joli dessin à l'aquarelle; signé.

FIGINO (ANTONIO)

68 — Evêque baptisant un homme, en présence de son clergé.
Très-beau dessin à la plume, lavé et rehaussé, sur papier de couleur.

69 — Études pour le Jugement dernier.
Charmants croquis à la plume.

FRAGONARD (J.-H.)

70 — Jeune Fille assise.
Beau dessin à la sanguine.

71 — Femmes nues sur des festons dans les nuages.
Joli dessin à la sanguine, gravé par Nicollet.

FREDOU (J.-M.)

72 — Portrait de Mme Laruette, dessiné en 1760.
Très-beau dessin aux trois crayons; signé.

73 — Portrait de M. Suier, dessiné en 1760.
Très-beau dessin aux trois crayons.

GAAL (Barent)

74 — La Chasse au cerf.
Beau dessin à la pierre noire, lavé à l'encre de Chine. Coll. Muller.

75 — Deux Hommes à cheval venant de passer sous une voûte.
A la pierre noire, lavé de bistre.

76 — Halte de voyageurs.
A l'encre de Chine.

GAROFALO (B.)

77 — Nativité de l'Enfant Jésus.
Beau dessin à la plume.

GASPRE POUSSIN

78 — Petit Paysage agreste.
Beau dessin à la plume, lavé. Collection Lawrence.

GERICAULT (Th.)

79 — Taureau attaqué par des Chiens.
Superbe dessin à l'encre de Chine, lavé d'aquarelle.

80 — Trois Études de femmes nues.
Très-beau dessin à la plume.

GHEYN (Jacques de)

81 — Portrait de jeune homme à mi-corps.
Joli dessin à la plume. Collection Verstolk de Soelen.

GHEZZI (J.)

82 — Sainte Famille.
Joli dessin à la plume.

GOLTZIUS (Henri)

83 — Portrait d'homme à mi-corps.
Très-beau dessin à la pierre noire, la tête est lavée de sanguine; signé et daté 1591. Collection Jolles.

84 — Dieux et Déesses.
Sept dessins de forme ovale entourés d'ornements, à la plume, lavés de bistre et d'aquarelle.

85 — Apollon jouant du violon devant le dieu Pan.
Très-belle miniature sur vélin.

GREUZE (J.-B.)

86 — Grande composition représentant un Père mourant au milieu de ses enfants.
Dessin capital à l'encre de Chine, rehaussé de blanc. Il est encadré.

87 — Portrait d'un Vieillard.
Beau dessin de forme ovale, aux trois crayons.

GRIMALDI (J.-F.)

88 — L'Enfant Jésus adoré par les Bergers.
Joli dessin à la plume, lavé.

GUARDI (François)

89 — Vue du pont du Rialto.
Dessin capital à la plume, lavé au bistre et à l'encre de Chine.

GUIDO RENI, dit le Guide

90 — L'Ange apparaissant à la Vierge.
Charmant dessin à la plume, lavé de bistre.

91 — Sainte Famille et le petit saint Jean.
Très-beau dessin au bistre rehaussé de sanguine. Collection Villardi.

HALEN (van)

92 — Petit Paysage.
Au bistre.

HEUSCH (W.)

93 — Paysage; à droite, deux hommes et un mulet chargé.
Très-beau dessin à la plume, lavé à l'encre de Chine; signé.

HOBBEMA (Meindert)

94 — Au milieu de la composition, une maison de gentilhomme campagnard; à gauche, une ferme fait partie d'un bâtiment qui est entouré d'un fossé.
Superbe dessin à la pierre noire, lavé à l'encre de Chine. Collection Goll. Les dessins de ce maître sont fort rares.

HUBERT-ROBERT

95 — Un Lavoir où se voient plusieurs femmes.
À l'aquarelle; signé et daté 1768.

95 bis — Vue prise à la villa Borghèse.
Superbe dessin à l'aquarelle, signé et daté 1761. Il est encadré.

HUET (J.-B.)

96 — Groupe de deux Enfants sur un trophée.
Très-beau dessin aux trois crayons; signé et daté 1777.

97 — Diane et Calisto surprises par l'Amour.
Charmant dessin à la plume, lavé de bistre et rehaussé de blanc; signé et daté 1780.

98 — Deux jeunes Femmes au bain.
Charmant dessin à la plume, lavé à l'encre de Chine; signé et daté 1779.

99 — Jeune Mouton mangeant.
Charmant dessin au bistre rehaussé de blanc; signé et daté l'an III.

100 — Deux Moutons au repos.
Joli dessin aux trois crayons.

101 — Vache, vue de trois quarts.
À la pierre noire, lavé; signé et daté 1772.

HUYSUM (Jean van)

102 — Composition de fleurs dans un vase.
Superbe dessin à l'aquarelle.

INGRES (J.-D.)

103 — Portrait d'homme à mi-corps.
Beau dessin au crayon noir, portant cette inscription : *Ingres à Brant.*

JEAURAT (E.)

104 — Un cavalier et une dame mettant leur pied sur un perron.
Charmant dessin à l'encre de Chine.

LECLERC (Séb.)

106 — Vue du Labyrinthe de Versailles.
Joli dessin à la plume, lavé.

LELEUX (A.)

107 — Paysanne assise.
Aux trois crayons.

LÉPICIÉ

108 — Jeune Femme couchée, trois autres Femmes debout.
Joli croquis à la sanguine et au crayon noir.

LE ROY

109 — La Sainte Famille, d'après le tableau de Rembrandt, de la galerie du Louvre.
Charmante aquarelle.

110 — Le jeune Mendiant, d'après le tableau de Murillo, de la galerie du Louvre.
Charmante copie au bistre, rehaussé.

LESUEUR (Eustache)

111 — Apollon sur son char.
Très-beau dessin au crayon noir, rehaussé de blanc.

112 — Apollon debout sur son char.
Très-beau croquis à la pierre noire.

113 — Muse assise. Composition de forme ronde.
Beau dessin à la pierre noire, lavé.

114 — Muse chassant la Mort. Composition de forme ovale.
Beau dessin à la pierre noire, lavé.

LEYDE (Lucas de)

115 — Joseph vendu par ses frères.
Très-beau dessin à l'aquarelle.

LIGOZZO (J.)

116 — Les Apôtres et différents Saints réunis. Composition pour une Assomption de la Vierge.
Dessin capital au bistre, rehaussé d'or. Collection Th. Lawrence. Très-rare.

LIPPI (Filippo)

117 — La Vierge assise sur des nues, tenant l'Enfant Jésus sur ses genoux.
Très-beau dessin à la pointe d'argent, rehaussé de blanc sur papier de couleur.

LOUTHERBOURG (P.-J.)

118 — Cinq Mendiants assis dans un intérieur.
Au bistre, rehaussé; signé.

LUYKEN (Jean)

119 — Allégorie représentant les parties du monde.
A la plume, lavé à l'encre de Chine.

MATURINO (E.-J.)

120 — Guerrier conduisant un char de triomphe.
Beau dessin à la plume et rehaussé. Collection Vallardi.

MAZZUOLI (Francesco), dit le Parmesan

121 — Les Apôtres debout.
Très-beau dessin à la plume, lavé de bistre. Collections Th. Lawrence et Nilsbarck.

122 — Diogène assis, faisant des démonstrations avec une baguette. Gravé en clair-obscur, par Hugo da Carpi.
Très-beau dessin à la sanguine, rehaussé de blanc. Collections Th. Lawrence et Nilsbarck.

123 — Enfant nu, debout.
Très-beau dessin à la sanguine. Collection Th. Lawrence.

123 bis — Sainte Famille.
Charmant dessin à la plume, lavé.

MEISSONNIER

124 — Corps d'homme nu.
Superbe étude aux trois crayons.

MOLA (Pietro-Francesco)

125 — Saint Jean, prêchant dans le désert.
Beau dessin à la plume, lavé de bistre sur papier bleu.

126 — Jésus baptisé par Saint Jean.
Beau dessin à la sanguine.

127 — Polyphème assis.
A la plume.

MOLENAERT (C.)

128 — La jeune Aubergiste caressée à la porte d'une auberge.
A la plume, lavé à l'encre de Chine.

MOREAU LE JEUNE (J.-M.)

129 — Monseigneur le Dauphin, dans son berceau, est présenté aux Dames de la cour : Le Génie de la France veille sur lui.
Joli dessin à l'encre de Chine, rehaussé de blanc.

130 — Plusieurs personnes se livrent aux plaisirs de la pêche sur le bord d'un lac. Dans une barque, pavoisée aux armes de France, une jeune princesse tient une ligne.
Charmant dessin à la plume, lavé de bistre; signé et daté 1771.

131 — Intérieur de palais orné d'objets de science; on y voit un prince et plusieurs dames.
Joli dessin au bistre, rehaussé de blanc.

MOREAU (Louis)

132 — Vue d'un parc : on aperçoit une fabrique dans le fonds; sur le devant, un cavalier et une dame se promènent.
Charmante aquarelle.

MOREELSE (Paulus)

133 — Portraits d'un vieux seigneur noble et d'une dame de distinction.
Deux charmants dessins à la plume, sur vélin. Collection Verstolk de Soelen.

MOUCHERON (J.)

134 — Vue d'un parc richement orné de statues et de vases.
Très-beau dessin à la plume.

NANTEUIL (Robert)

135 — Projet de thèse représentant le portrait de Louis-XIV soutenu par deux génies.
Beau dessin à la plume, lavé et fort curieux en ce que, au verso, se trouve de la main de Nanteuil l'explication de sa composition. Il est probable que ce dessin a été envoyé comme lettre.

NICOLLE (J.-V.)

136 — Vues de la Place de l'Obélisque du Peuple. — Vue de la principale cour du Palais pontifical. — Vue de la Fontaine située en la place Saint-Pierre-Montore, à Rome. — Vue du palais ducal, à Venise. Quatre petits dessins de forme ronde.
A la plume, lavés au bistre.

137 — Vue du Palais ducal et de la place Saint-Marc.
A la plume, lavé au bistre.

138 — Vue du grand Canal à Venise.
A la plume, lavé au bistre.

139 — Amphithéâtre du Jardin du Roi (Jardin des Plantes), à Paris.
Jolie aquarelle.

140 — Vue de l'Hôtel des Invalides, à Paris.
A l'aquarelle.

141 — Vue de l'Ecole de Médecine, à Paris.
A l'aquarelle.

142 — Vues prises dans les villas Pamphile et Negroni.
Trois dessins au bistre et à l'encre de Chine.

NILSON

143 — Le Concert rustique. Gravé par l'artiste.
Joli dessin à l'aquarelle.

NORBLIN

144 — Le Christ en croix au milieu des deux larrons ; aux pieds du Calvaire, un grand nombre de personnages.
Très-beau dessin à l'encre de Chine, rehaussé de blanc.

OLIVIER (M.-B.)

145 — Jeune femme assise. Études de bras et de mains.
Joli dessin à la sanguine et au crayon noir.

146 — Jeune femme assise, lisant.
Joli dessin à la sanguine.

147 — Etude de jeune femme assise.
Au crayon noir et à la sanguine.

147 bis. — Autre étude d'une femme assise sur une chaise.
De la même exécution.

OSTADE (Adrien Van)

148 — Une vieille femme occupée à coudre.
Très-beau dessin à la pierre noire, rehaussé de blanc sur papier bleu.

149 — Paysan debout tenant un pot.
Joli dessin à l'aquarelle.

150 — Vue d'une ferme.
Beau dessin à la plume, légèrement colorié.

OUDRY (J.-B.)

151 — Vue prise dans le parc d'Arcueil.
Très-beau dessin au crayon noir, rehaussé de blanc sur papier bleu ; signé et daté 1744.

152 — Autre Vue du parc d'Arcueil.
De la même exécution ; signé et daté 1744.

PICART (Bernard)

153 — Le Confessionnal.
Charmant dessin à la plume. On lit derrière : *B. Picart f. geb. Parys*, 1673.

PORBUS (François)

154 — Projet de monument funéraire pour Henri IV. Il a été gravé par Née et se trouvait à cette époque dans le cabinet de M. Leclerc, chevalier de l'ordre du roi.
Dessin capital sur vélin ; signé et daté 1614 ; il est encadré.

PRIMATICIO (François), dit le Primatice

155 — Pendentif de la galerie d'Henri II, à Fontainebleau : il représente les plaisirs de l'Été figurés par un grand nombre de femmes et d'hommes.
Superbe dessin à la sanguine, rehaussé de blanc. Collections Mariette, Lagoy et Th. Lawrence.

156 — Autre Pendentif de la même galerie : il représente les Plaisirs de l'Automne, figurés par un banquet de femmes et de bacchantes.
Superbe dessin à la sanguine, rehaussé de blanc. Collections Mariette, Lagoy, T. Dimsdale et Th. Lawrence.

157 — Composition représentant le mauvais traitement que reçut Ulysse étant embarqué avec ses compagnons, où la mer leur fut si contraire que leur vaisseau, agité des flots par Neptune, les pensa perdre. (Trésor des merveilles de la maison Royale de Fontainebleau, par le père Dan.).

Très-beau dessin à la sanguine, rehaussé de blanc. Collections sir J. Reynolds et Th. Lawrence.

158 — Les Compagnons d'Ulysse, tandis qu'il dormait, pressés de la faim, ayant dérobé les bœufs du Soleil, furent tous submergés. (Idem.)

Très-beau dessin à la sanguine, rehaussé de blanc. Collections sir J. Reynolds et Th. Lawrence.

159 — Ulysse passant le détroit de Scylla et de Charybde, six de ses gens y sont mis à mort par de furieux dragons; ensuite de quoi il fait rencontre des Syrènes dont il évite les charmes en se faisant lier aux mats du vaisseau. (Idem.)

Très-beau dessin à la sanguine, rehaussé de blanc. Collections Delanoue Jabach et Th. Lawrence.

Ces trois derniers dessins ont été composés pour la Galerie d'Ulysse, à Fontainebleau. Elle a été détruite au XVIIIe siècle. Il n'en reste que les gravures sans aucun caractère, de Van Thulden.

160 — Banquet des Dieux. Dans sa description de la galerie d'Ulysse, le père Dan écrit: « Là est représenté le banquet des Dieux et Déesses qui est un fort grand tableau » paraît s'appliquer à cette composition.

Superbe dessin à la plume, lavé de bistre et rehaussé de blanc. Collections Mariette et Th. Lawrence.

161 — Jeune femme couchée sur un lit; l'Amour paraît vouloir éloigner une femme âgée qui tient un vase.

Superbe dessin de forme ovale, à la plume, lavé de bistre et rehaussé de blanc. Collection Th. Lawrence.

162 — Diane se reposant; un homme appuie sa tête sur ses genoux : l'Amour est derrière.

Très-beau dessin de forme ovale, à la plume, lavé de bistre et rehaussé de blanc Collections Mariette et Th. Lawrence.

163 — Jeune femme couchée, écoutant une vieille qui compte sur ses doigts : l'Amour s'approche d'elle.

Très-beau dessin de forme ovale, à la plume, lavé de bistre et rehaussé de blanc. Collections Mariette et Th. Lawrence.
Ces deux derniers dessins font pendant.

164 — François Ier en Mars ; de la main droite, il tient un sceptre ; la gauche est appuyée sur un bouclier. Beau portrait du roi.

Superbe dessin à la plume, lavé et rehaussé de blanc. Collection Th. Lawrence.

165 — Jupiter assis sur un trône, accompagné de Neptune et de Pluton, paraît désigner à l'Amour, jouant sur les genoux de Vénus, accompagnée de Minerve, Diane et Junon.

Beau dessin à la plume, lavé de bistre et rehaussé.

166 — Psyché enlevée par l'Amour.

Beau dessin à la plume, lavé de bistre sur papier de couleur. Collection Th. Lawrence.

167 — Les Noces de Cana. Grande composition d'un grand nombre de figures.

Très-beau dessin à la plume, lavé de bistre.

168 — Des hommes et des femmes s'enfuyant d'une ville en flammes, emportant leurs bagages.

Superbe dessin à la plume, lavé de bistre et rehaussé de blanc. Collection Mariette.

169 — Neptune sur son char ; autour de lui les divinités de la mer.

Superbe dessin à la plume, lavé de bistre et rehaussé de blanc. Collections Mariette et Th. Lawrence.

170 — Femmes en l'air. Composition pour un plafond.

Très-beau dessin à la sanguine, rehaussé de blanc. Collections Mariette et Th. Lawrence.

171 — Un Évêque assis ; d'une main il tient sa crosse, de l'autre il s'appuie sur les livres saints.

Beau dessin à la plume, lavé de bistre et rehaussé de blanc. Collection Th. Lawrence.

172 — Apollon et les Muses sur le Parnasse.
Beau dessin à la plume, lavé de bistre et rehaussé de blanc.

173 — Deux Vieillards couchés.
Beau dessin à la sanguine, rehaussé de blanc. Collection Th. Lawrence.

174 — Deux Guerriers debout.
Beau dessin à la plume, lavé de bistre et rehaussé de blanc. Collection Th. Lawrence.

PRIMATICE (Ecole du)

175 — La Science représentée sous la figure d'une femme assise, entourée de livres et d'instruments.
Beau dessin à la plume, lavé de bistre et rehaussé de blanc.

PRUD'HON (P.-P.)

175 bis — Portrait de Femme, costume de l'Empire.
Très-belle miniature.

RABEL (J.)

176 — Festin antique.
Joli dessin à la plume, lavé.

RADMAKER (A.)

177 — Paysage avec monuments antiques et figures.
Jolie aquarelle; signée.

RAIMONDI (Marc-Antoine)

178 — L'Été. — L'Automne. Deux pendentifs.
A la plume, lavé.

REMBRANDT (Van Rayn)

179 — Tobie quittant son père.
Très-beau dessin à la plume, lavé de bistre.

180 — Le Bon Samaritain.
Vigoureux croquis à la plume.

181 — Saint Jérôme à genoux voulant se frapper avec une pierre.
Beau dessin à la plume, lavé.

RIGAUD (Hyacinthe)

182 — Portrait d'un peintre à mi-corps dans un cadre; à la droite, une grande draperie.
Très-beau dessin au crayon noir, rehaussé de blanc sur papier bleu; il est gravé.

ROBUSTI (Jacopo), dit Le Tintoret

183 — La Madelaine aux pieds du Christ.
Très-beau dessin de forme ovale, au bistre, rehaussé de blanc.

184 — Femme nue assise à terre; étude du buste de la même femme, d'après Michel-Ange.
Très-beau dessin à la plume. Collection Vallardi.

ROMAIN (Julio Pippi), dit Jules

185 — Soldats conduisant quatre chevaux harnachés pour un triomphe.
Très-beau dessin à la plume, lavé de bistre et rehaussé de blanc.

186 — Études d'un Centaure, deux Chevaux et de deux Hommes.
Beau croquis à la plume.

187 — Joseph et Putiphar.
Croquis à la plume.

188 — Taureau mangeant.
Très-beau dessin à la plume. Collection sir J. Reynolds.

ROOS (Jean-Henri)

189 — Berger gardant un troupeau de moutons, chèvres, bœufs et vaches.
Très-beau dessin à la plume, lavé; signé.

ROSSO (le), dit Maitre Roux

190 — La Vierge sur des nues; au-dessous, trois saints debout, dont l'Archange Saint-Michel qui foudroie le Démon.
Très-beau dessin dessin de forme ovale, à la plume, lavé et rehaussé.

191 — Pandore ouvrant la boîte.
Très-beau dessin à la plume, lavé de bistre.

192 — L'Adoration des Mages.
Beau dessin au crayon noir, rehaussé.

193 — Le Temps assis; figures de femmes.
Beau dessin à la sanguine.

RUBENS (Pierre-Paul)

194 — Saint Grégoire, pape, entouré de saints et saintes debout au pied d'un autel, au-dessus duquel est un cadre renfermant la Vierge et l'Enfant Jésus.

Dessin très-capital à l'aquarelle, lithographié par Pirodon, qui a supprimé la figure de l'ange debout au bas de la composition et qui tient un livre. Le tableau original du grand peintre se trouve au Musée de Grenoble (sous le n° 94 du catalogue); il est classé parmi les chefs-d'œuvre de ce grand maître.

SAINT-AUBIN (Gabriel de)

195 — Esquisse d'après nature de l'ancien Marché-aux-Fleurs, quai de la Mégisserie, près le Pont-Neuf et la Samaritaine, au moment où deux marchandes se querellent à coups de poings, en présence de trois raccoleurs qui rient de leurs positions.

Très-beau dessin à la sanguine, rehaussé de blanc; signé et daté 1776.

196 — Une scène de Ragonde, ballet burlesque en trois actes, représenté le 31 janvier 1742.

Très-belle gouache; signée.

197 — Vue de la salle de l'Opéra au dernier acte d'Hellé, opéra de Floquet, représenté le 3 janvier 1779.

Charmante aquarelle.

198 — Ouvroir de fileuses à deux mains, selon M. de Bernière.

Curieux dessin au bistre, rehaussé de blanc, avec notes explicatives de l'auteur; signé et daté 1777.

199 — Un Souper sous Louis XV.

Grand et beau dessin aux deux crayons.

200 — Apollon et Issé en habit de baleine sur un théâtre.

Au crayon noir lavé de bistre; signé.

201 — Promenade dans un parc; au verso : deux études de femmes.

Joli dessin à la plume.

202 — Chanteuse s'accompagnant de la guitare.

Joli dessin à la plume, lavé.

203 — Un Brigand conduit par la maréchaussée (c'est probablement Cartouche qui y est représenté).

Au crayon noir.

204 — *Egregium caput, si cerebrum haberet.* Singe debout soutenant un buste de jeune femme.
A la plume et au crayon noir; signé et daté 1762.

205 — Grand Dîner au milieu d'une Orangerie; on lit derrière : Palais du Régent, fête de la Saint-Louis.
Beau dessin au crayon noir, rehaussé de blanc, sur papier bleu.

SAINT-AUBIN (Augustin de)

206 — Des Agents de police s'emparent de papiers cachés dans une armoire; le profil d'un des personnages a fait supposer qu'il s'agissait de la découverte de l'armoire de fer.
A la plume, et à l'encre de Chine.

207 — Portrait du général Lafayette; au verso : le portrait de Philippe d'Orléans, dit *Égalité*. Deux curieux dessins faits d'après nature.
Au crayon noir.

208 — Portrait de la Grande-Duchesse de Russie.
Au crayon noir.

209 — Deux Têtes d'Aristophane.
A l'encre de Chine et au crayon noir.

210 — Jeune Fille lisant.
Charmant dessin à la plume, lavé de bistre.

210 bis — Autre jeune Fille lisant.
De la même exécution.

211 — Jeune Fille debout tenant un fil à plomb.
Joli croquis au crayon noir.

212 — Deux Enfants nus. — Hommes nus traînant deux voitures chargées d'orangers.
A la plume et au bistre.

SAINT-AUBIN (A. de attribué à)

213 — Sujet de l'histoire romaine.
Grand croquis à la plume.

SAINT-IGNY

214 — Cavalier en costume Louis XIII. Gravé par A. Bosse, n° 4, de la suite intitulé : le Jardin de la Noblesse.
A la plume, rehaussé de blanc.

SARTO (Andrea del)

215 — Saint François à genoux recevant la lumière céleste.

Très-beau dessin au bistre rehaussé de blanc ; au verso du même dessin des études anatomiques à la plume.

216 — Le Christ mort sur les genoux de la Vierge qui est entourée des Saintes Femmes.

Beau dessin à la plume, lavé.

217 — Deux Religieux debout.

Beau dessin à la sanguine.

SAFT LEVEN (Herman)

218 — Paysage montagneux.

Très-beau dessin au bistre, rehaussé de blanc ; signé et daté de 1650.

219 — Vue d'un canal de Hollande où se voient des mariniers faisant marcher une barque chargée ; à gauche, une auberge.

Superbe dessin à l'aquarelle ; signé et daté 1677.

220 — Paysage montagneux traversé par un muletier et deux hommes à pied ; sur une hauteur, vers la gauche, un berger garde son troupeau.

Très-beau dessin à la pierre noire, lavé de bistre et rehaussé de blanc ; signé et daté 1648.

STEVENS (Palamèdes)

221 — Petite Marine.

Charmant dessin à la plume, lavé à l'encre de Chine.

222 — Autre petite Marine.

De la même exécution.

Ces deux dessins font pendant.

STORCK (A.)

223 — Marine ; à droite, la statue d'un conquérant sur un piédestal richement ornementé.

Très-beau dessin à la plume, lavé à l'encre de Chine ; signé et daté 1672.

224 — Autre Marine ; à gauche, un obélisque devant un monument.

Très-beau dessin à la plume, lavé à l'encre de Chine ; signé et daté 1672.

Ces deux dessins font pendant.

SOUTMAN (Pierre)

225 — Portrait de Héléna Forment, femme de Rubens.
Superbe dessin de forme ovale, à la plume, lavé de bistre.

SUBLEYRAS (P.)

226 — Saint Charles Borromée mourant.
Très-beau dessin à la sanguine, rehaussé de blanc.

SUYDERHOEF (Jonas)

227 — Portrait de Henri Goltzius, célèbre peintre et graveur.
Superbe dessin de forme ovale, à la pierre noire et à la sanguine. Gravé par l'artiste. Collection Hoofdman.

TÉNIERS (D.)

228 — Deux Gazetiers assis; derrière eux, deux hommes et une femme.
Beau dessin à la plume.

TIBALDI (Pellegrino)

229 — Sybille accompagnée d'un ange.
Beau dessin à la plume, lavé de bistre et rehaussé de blanc.

230 — Saint Jean écrivant l'Apocalypse, effrayé par des cavaliers.
Beau dessin à la plume, lavé de bistre.

TIEPOLO (D.)

231 — Le Triomphe de la Papauté.
Vigoureux dessin à la plume, lavé à l'encre de Chine; signé.

ULFT (Van der)

232 — Port de mer italien; au milieu, un beau monument.
Très-beau dessin à la plume, lavé de bistre; signé et daté 1671.

233 — Autre Port de mer italien, animé d'un grand nombre de figures.
Très-beau dessin à la plume, lavé de bistre; signé et daté 1671.
Ces dessins font pendant.

VAGA (Perino del)

234 — Deux jeunes Femmes debout; l'une terrasse le dragon, l'autre écrit sur un bouclier; au-dessus, un cadre ornementé.
Joli dessin à la plume, lavé de bistre et rehaussé de blanc.

VECELLI (Titiano)

235 — Le Couronnement de la Vierge.
Composition capitale cintrée en haut, à la plume, lavé de bistre et rehaussé de blanc. Collections Roscoë et W. Esdaile.

236 — Etude pour un crucifiement du Christ.
Très-beau dessin au crayon noir. Collection sir J. Reynolds.

VELDE (Villem van)

237 — Marine par un temps orageux; cinq vaisseaux de guerre se croisent en divers sens.
Superbe dessin à la plume, lavé d'encre de Chine et rehaussé de blanc. Collection Verstolk de Soelen.

238 — Quatre vaisseaux de guerre par un temps calme.
Très-beau dessin à la plume, à l'encre de Chine. Collection du Bourgmestre Six.

239 — Marine animée de plusieurs bâtiments à voiles.
Beau dessin à la plume, lavé.

240 — Petite Marine.
Charmant croquis à la plume, lavé.

VIEN (J.-M.)

241 — Jeune Femme assise tenant son enfant.
Au crayon noir rehaussé de blanc.

242 — Une Cascade dans le parc d'Arcueil.
Beau dessin au crayon noir, rehaussé de blanc, sur papier bleu.

VISSCHER (Corneille de)

243 — Portrait d'une jeune Fille.
Beau dessin à la pierre noire, rehaussé de blanc, sur vélin; signé et daté 1659.

244 — Portrait de Vieille Femme.
Très-beau dessin de forme ovale, à la pierre noire, rehaussé de blanc, sur vélin.

VOUET (Simon)

245 — Assomption de la Vierge. — Etude pour une sainte femme au tombeau du Christ.
Deux dessins au crayon noir.

WYCK (Thomas)

246 — Le Peintre dans son atelier.
Joli dessin à l'encre de Chine, rehaussé de blanc. Collection Goll.

247 — Port de mer d'Italie.
Beau dessin à l'encre de Chine.

248 — Autre Port de mer d'Italie.
Beau dessin à l'encre de Chine.

ZEEMAN (Reinier)

249 — Marine avec une flotte Hollandaise.
Très-beau dessin à l'encre de Chine. Collection Hofman.

www.ingramcontent.com/pod-product-compliance
Lightning Source LLC
Chambersburg PA
CBHW050038230526
45470CB00003B/1339